Cursive
Handwriting
Workbook

This Workbook Belongs To :

....

a a a a a a a
a a a a a a a
a a a a a a a
a a a a a a a
a a a a a a a
a a a a a a a
a a a a a a a
a a a a a a a
a a a a a a a

a a a a a a a
a a a a a a a
a a a a a a a
a a a a a a a
a a a a a a a
a a a a a a a
a a a a a a a
a a a a a a a
a a a a a a a

a   a   a   a   a   a   a

a   a   a   a   a   a   a

a   a   a   a   a   a   a

a   a   a   a   a   a   a

a   a   a   a   a   a   a

a   a   a   a   a   a   a

a   a   a   a   a   a   a

a   a   a   a   a   a   a

a   a   a   a   a   a   a

a *a* *a* *a* *a* *a* *a*

a *a* *a* *a* *a* *a* *a*

a *a* *a* *a* *a* *a* *a*

a *a* *a* *a* *a* *a* *a*

a *a* *a* *a* *a* *a* *a*

a *a* *a* *a* *a* *a* *a*

a *a* *a* *a* *a* *a* *a*

a *a* *a* *a* *a* *a* *a*

a *a* *a* *a* *a* *a* *a*

$\mathcal{B}$ $\mathcal{B}$ $\mathcal{B}$ $\mathcal{B}$ $\mathcal{B}$ $\mathcal{B}$ $\mathcal{B}$

$\mathcal{B}$ $\mathcal{B}$ $\mathcal{B}$ $\mathcal{B}$ $\mathcal{B}$ $\mathcal{B}$ $\mathcal{B}$

$\mathcal{B}$ $\mathcal{B}$ $\mathcal{B}$ $\mathcal{B}$ $\mathcal{B}$ $\mathcal{B}$ $\mathcal{B}$

$\mathcal{B}$ $\mathcal{B}$ $\mathcal{B}$ $\mathcal{B}$ $\mathcal{B}$ $\mathcal{B}$ $\mathcal{B}$

$\mathcal{B}$ $\mathcal{B}$ $\mathcal{B}$ $\mathcal{B}$ $\mathcal{B}$ $\mathcal{B}$ $\mathcal{B}$

$\mathcal{B}$ $\mathcal{B}$ $\mathcal{B}$ $\mathcal{B}$ $\mathcal{B}$ $\mathcal{B}$ $\mathcal{B}$

$\mathcal{B}$ $\mathcal{B}$ $\mathcal{B}$ $\mathcal{B}$ $\mathcal{B}$ $\mathcal{B}$ $\mathcal{B}$

$\mathcal{B}$ $\mathcal{B}$ $\mathcal{B}$ $\mathcal{B}$ $\mathcal{B}$ $\mathcal{B}$ $\mathcal{B}$

$\mathcal{B}$ $\mathcal{B}$ $\mathcal{B}$ $\mathcal{B}$ $\mathcal{B}$ $\mathcal{B}$ $\mathcal{B}$

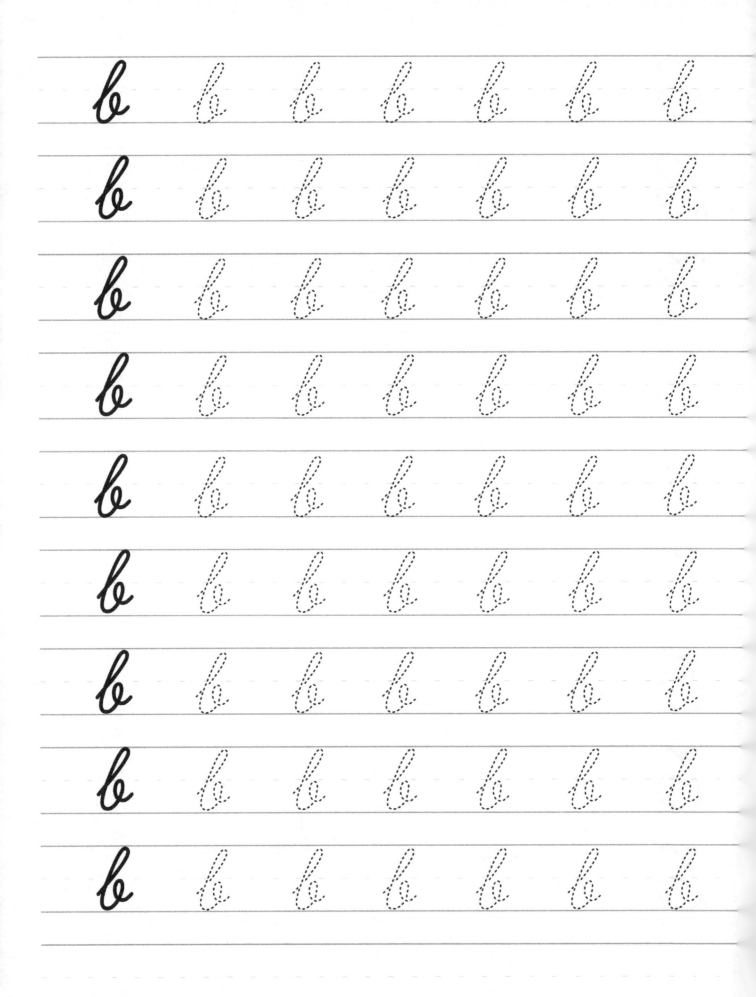

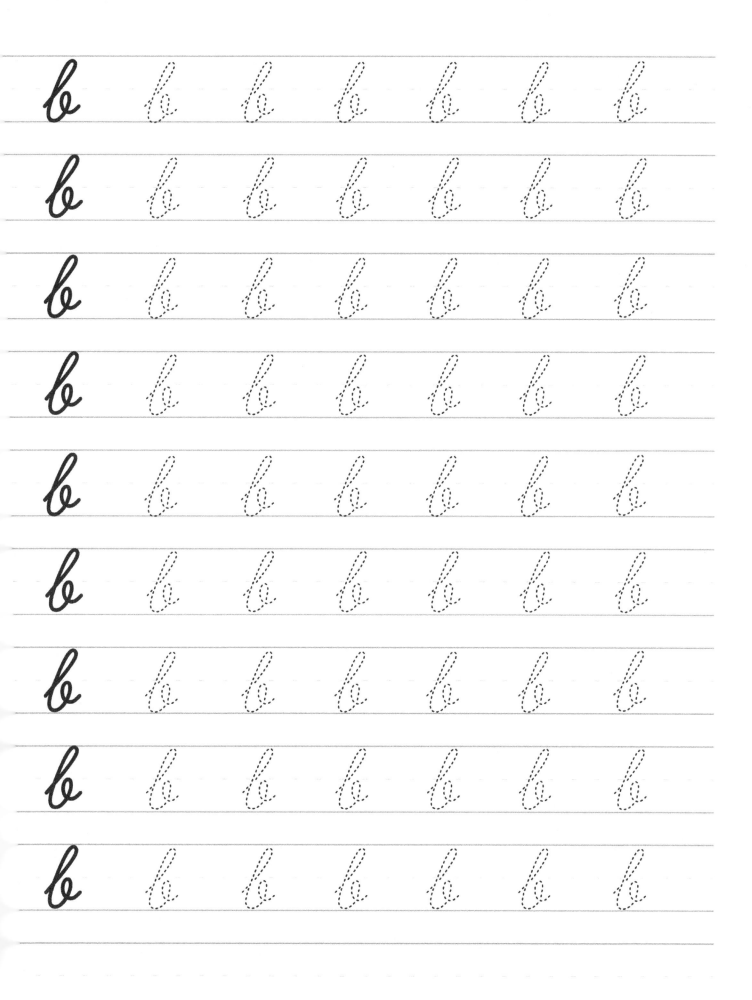

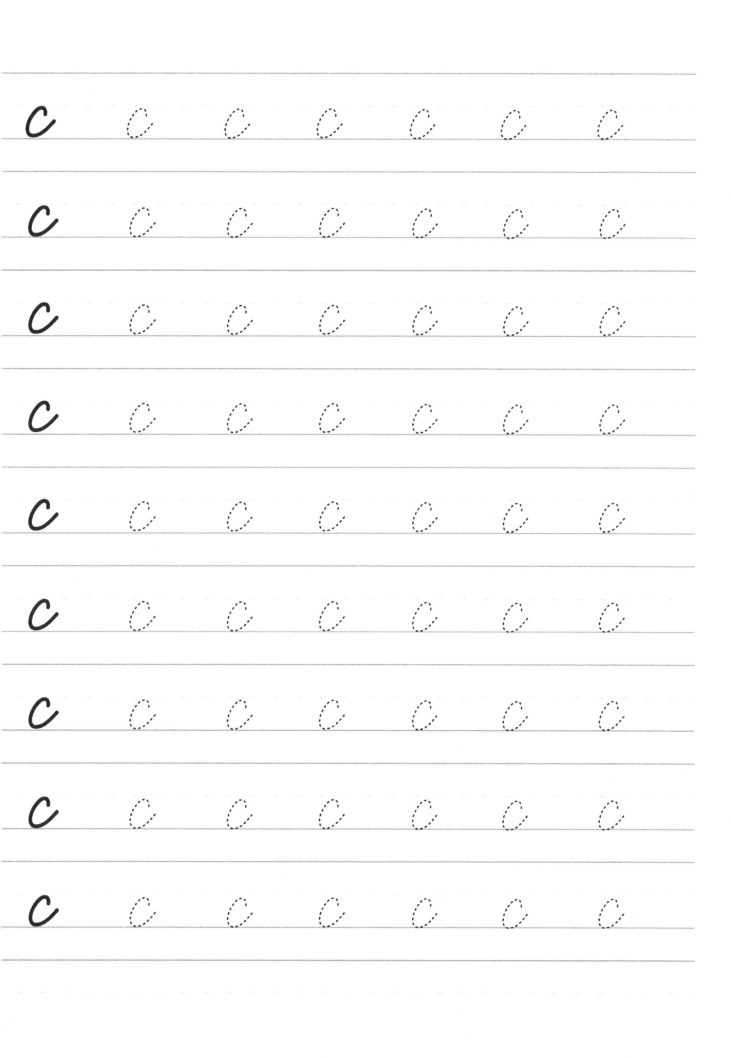

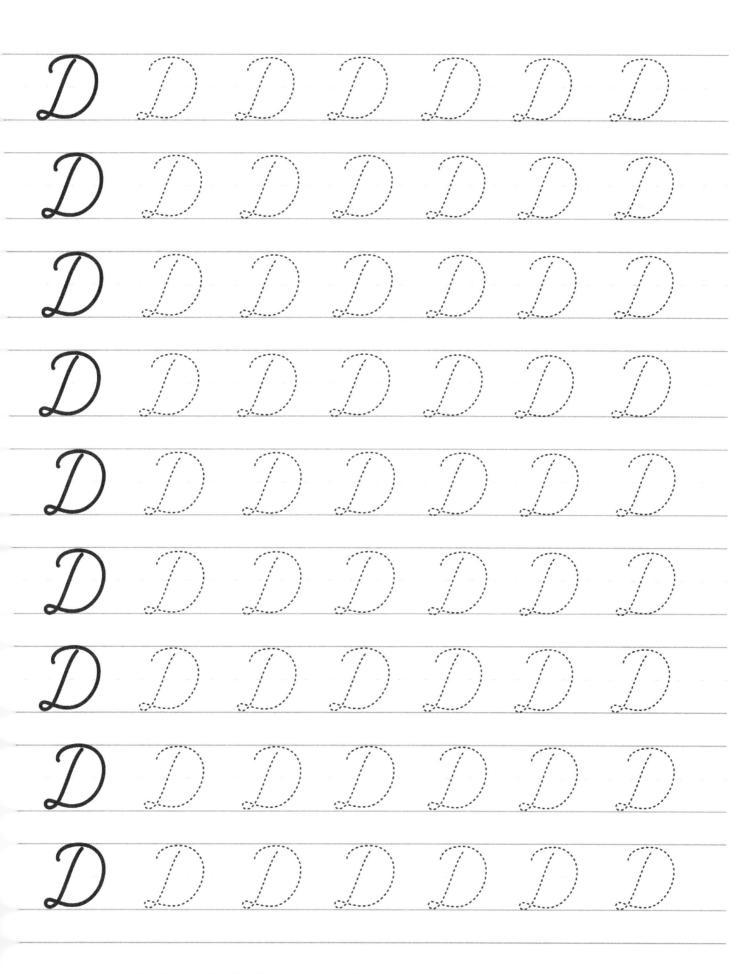

d   d   d   d   d   d   d

d   d   d   d   d   d   d

d   d   d   d   d   d   d

d   d   d   d   d   d   d

d   d   d   d   d   d   d

d   d   d   d   d   d   d

d   d   d   d   d   d   d

d   d   d   d   d   d   d

d   d   d   d   d   d   d

d d d d d d d

d d d d d d d

d d d d d d d

d d d d d d d

d d d d d d d

d d d d d d d

d d d d d d d

d d d d d d d

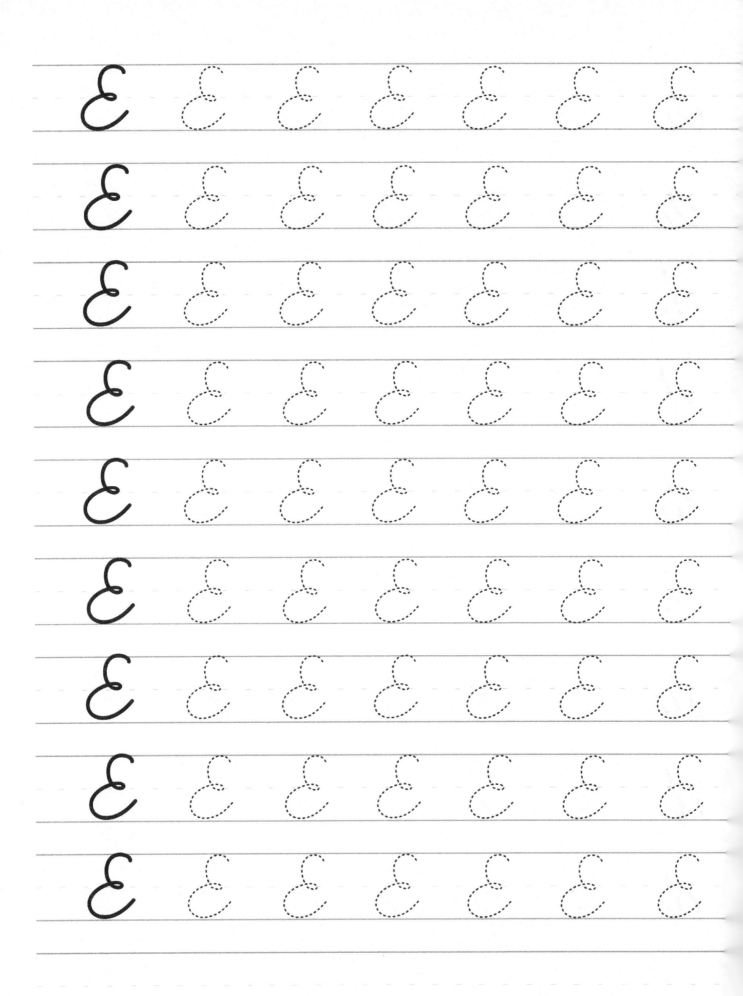

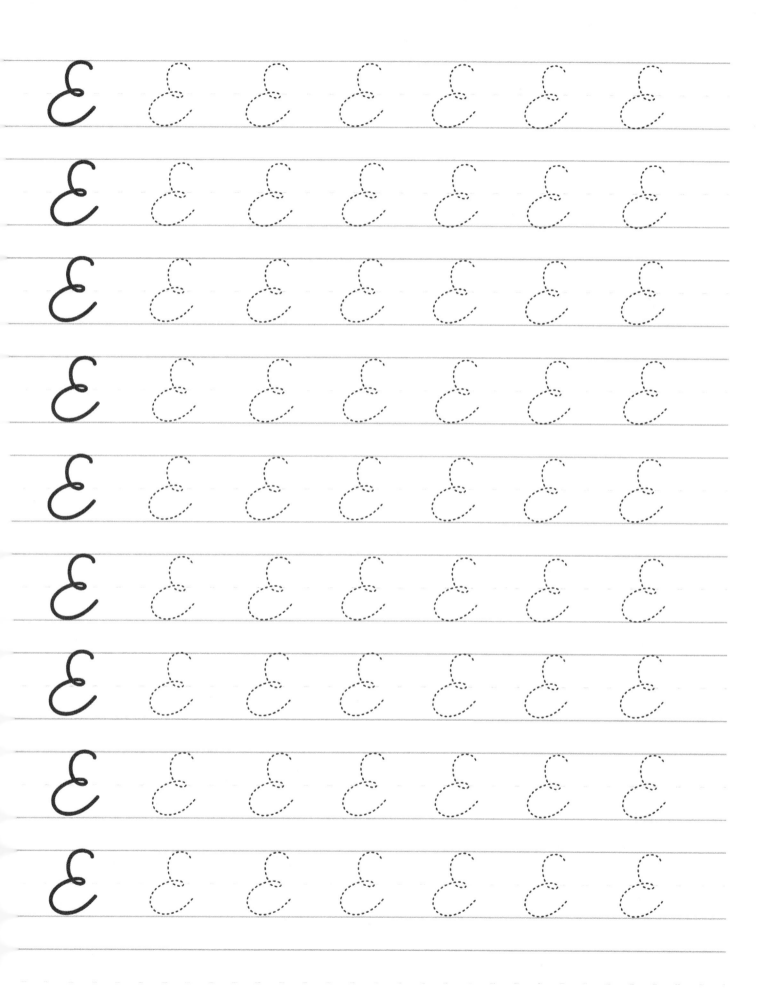

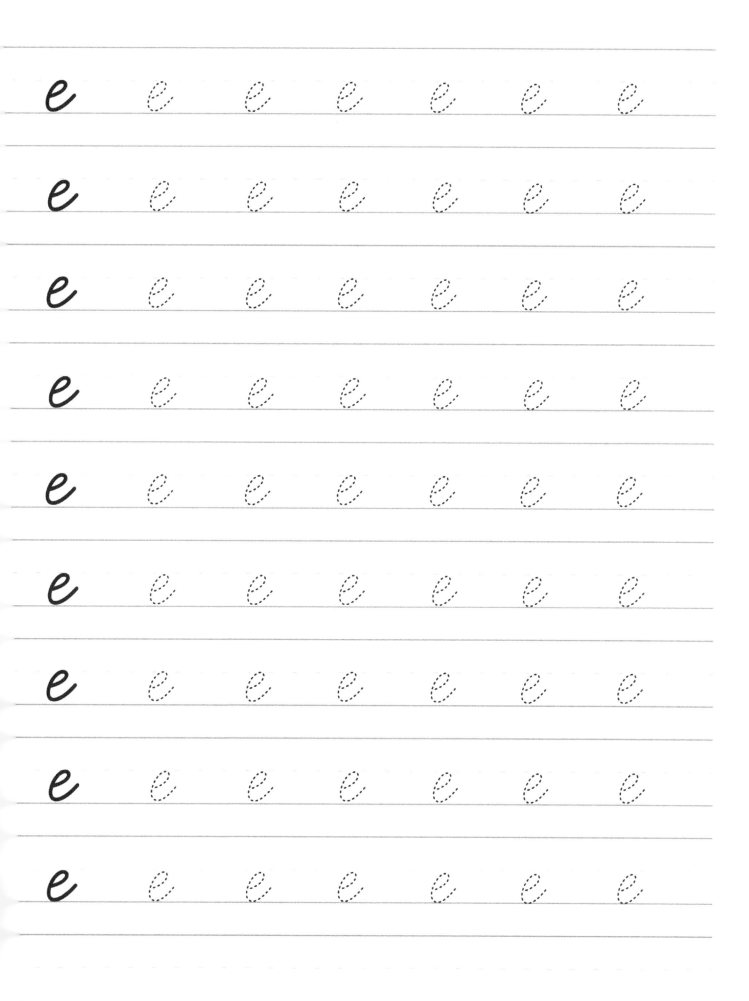

$\mathcal{F}$ $\mathcal{F}$ $\mathcal{F}$ $\mathcal{F}$ $\mathcal{F}$ $\mathcal{F}$ $\mathcal{F}$

$\mathcal{F}$ $\mathcal{F}$ $\mathcal{F}$ $\mathcal{F}$ $\mathcal{F}$ $\mathcal{F}$ $\mathcal{F}$

$\mathcal{F}$ $\mathcal{F}$ $\mathcal{F}$ $\mathcal{F}$ $\mathcal{F}$ $\mathcal{F}$ $\mathcal{F}$

$\mathcal{F}$ $\mathcal{F}$ $\mathcal{F}$ $\mathcal{F}$ $\mathcal{F}$ $\mathcal{F}$ $\mathcal{F}$

$\mathcal{F}$ $\mathcal{F}$ $\mathcal{F}$ $\mathcal{F}$ $\mathcal{F}$ $\mathcal{F}$ $\mathcal{F}$

$\mathcal{F}$ $\mathcal{F}$ $\mathcal{F}$ $\mathcal{F}$ $\mathcal{F}$ $\mathcal{F}$ $\mathcal{F}$

$\mathcal{F}$ $\mathcal{F}$ $\mathcal{F}$ $\mathcal{F}$ $\mathcal{F}$ $\mathcal{F}$ $\mathcal{F}$

$\mathcal{F}$ $\mathcal{F}$ $\mathcal{F}$ $\mathcal{F}$ $\mathcal{F}$ $\mathcal{F}$ $\mathcal{F}$

$\mathcal{F}$ $\mathcal{F}$ $\mathcal{F}$ $\mathcal{F}$ $\mathcal{F}$ $\mathcal{F}$ $\mathcal{F}$

$\mathcal{F}$ $\mathcal{F}$ $\mathcal{F}$ $\mathcal{F}$ $\mathcal{F}$ $\mathcal{F}$ $\mathcal{F}$

$\mathcal{F}$ $\mathcal{F}$ $\mathcal{F}$ $\mathcal{F}$ $\mathcal{F}$ $\mathcal{F}$ $\mathcal{F}$

$\mathcal{F}$ $\mathcal{F}$ $\mathcal{F}$ $\mathcal{F}$ $\mathcal{F}$ $\mathcal{F}$ $\mathcal{F}$

$\mathcal{F}$ $\mathcal{F}$ $\mathcal{F}$ $\mathcal{F}$ $\mathcal{F}$ $\mathcal{F}$ $\mathcal{F}$

$\mathcal{F}$ $\mathcal{F}$ $\mathcal{F}$ $\mathcal{F}$ $\mathcal{F}$ $\mathcal{F}$ $\mathcal{F}$

$\mathcal{F}$ $\mathcal{F}$ $\mathcal{F}$ $\mathcal{F}$ $\mathcal{F}$ $\mathcal{F}$ $\mathcal{F}$

$\mathcal{F}$ $\mathcal{F}$ $\mathcal{F}$ $\mathcal{F}$ $\mathcal{F}$ $\mathcal{F}$ $\mathcal{F}$

$\mathcal{F}$ $\mathcal{F}$ $\mathcal{F}$ $\mathcal{F}$ $\mathcal{F}$ $\mathcal{F}$ $\mathcal{F}$

$\mathcal{F}$ $\mathcal{F}$ $\mathcal{F}$ $\mathcal{F}$ $\mathcal{F}$ $\mathcal{F}$ $\mathcal{F}$

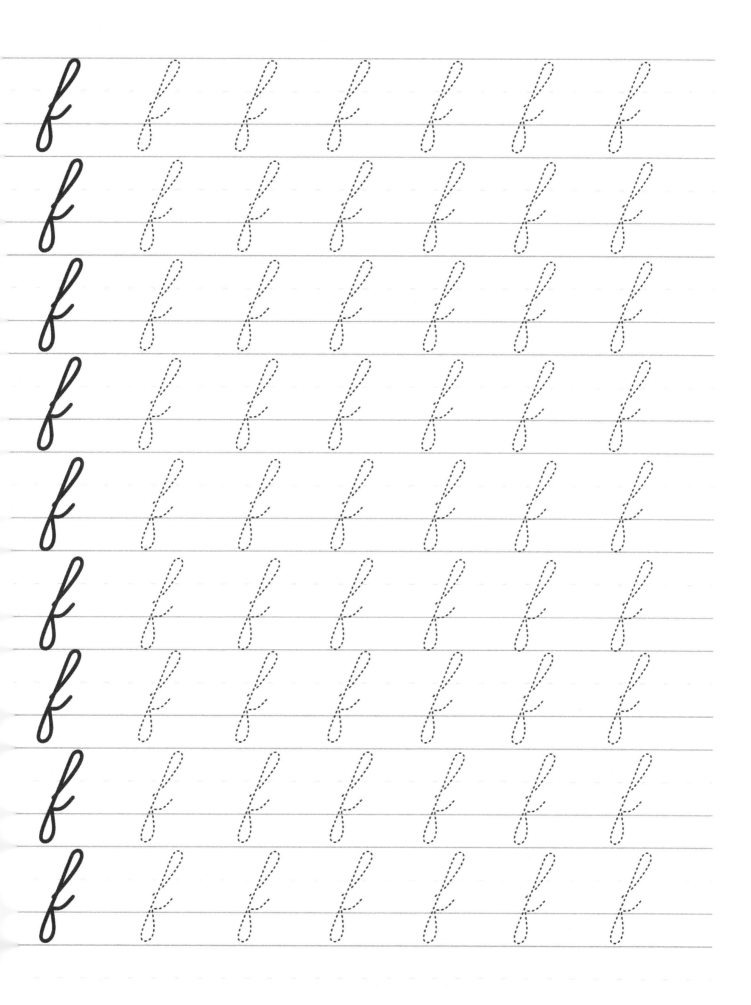

g g g g g g g

g g g g g g g

g g g g g g g

g g g g g g g

g g g g g g g

g g g g g g g

g g g g g g g

g g g g g g g

g g g g g g g

g g g g g g g

g g g g g g g

g g g g g g g

g g g g g g g

g g g g g g g

g g g g g g g

g g g g g g g

H H H H H H H H H H H H H H

H H H H H H H H H H H H H H

H H H H H H H H H H H H H H

H H H H H H H H H H H H H H

H H H H H H H H H H H H H H

H H H H H H H H H H H H H H

H H H H H H H H H H H H H H

H H H H H H H H H H H H H H

H H H H H H H H H H H H H H

H H H H H H H H H H

H H H H H H H H H H

H H H H H H H H H H

H H H H H H H H H H

H H H H H H H H H H

H H H H H H H H H H

H H H H H H H H H H

H H H H H H H H H H

H H H H H H H H H H

h h h h h h h

h h h h h h h

h h h h h h h

h h h h h h h

h h h h h h h

h h h h h h h

h h h h h h h

h h h h h h h

h h h h h h h

h   *h*   *h*   *h*   *h*   *h*   *h*

h   *h*   *h*   *h*   *h*   *h*   *h*

h   *h*   *h*   *h*   *h*   *h*   *h*

h   *h*   *h*   *h*   *h*   *h*   *h*

h   *h*   *h*   *h*   *h*   *h*   *h*

h   *h*   *h*   *h*   *h*   *h*   *h*

h   *h*   *h*   *h*   *h*   *h*   *h*

h   *h*   *h*   *h*   *h*   *h*   *h*

h   *h*   *h*   *h*   *h*   *h*

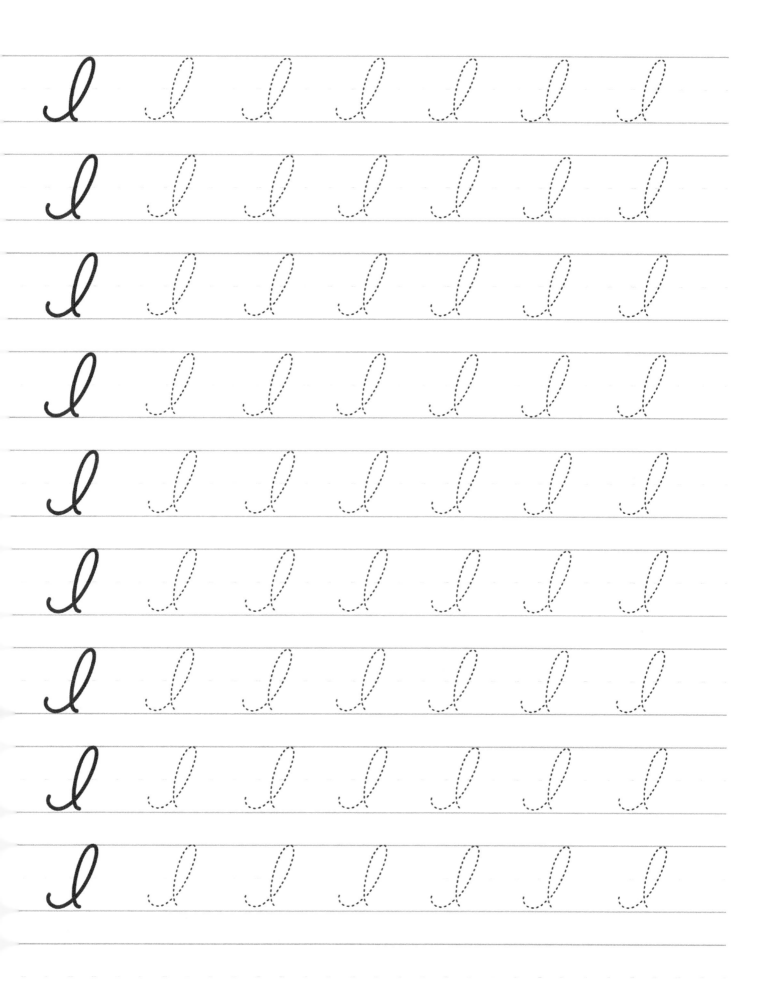

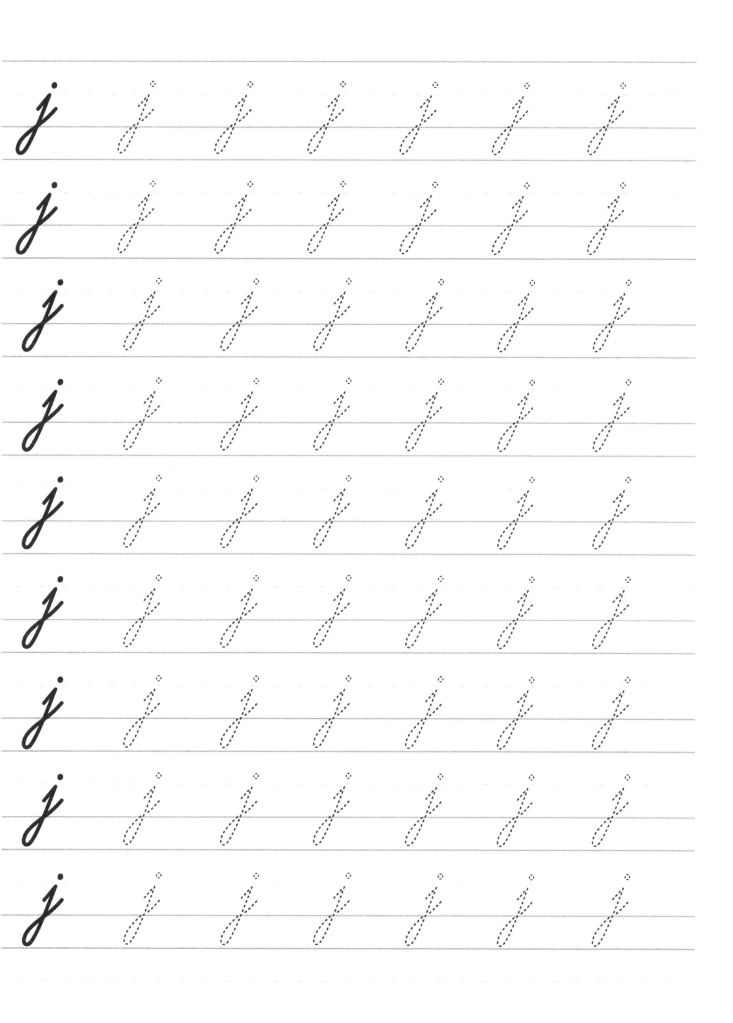

$\mathcal{K}$ $\mathcal{K}$ $\mathcal{K}$ $\mathcal{K}$ $\mathcal{K}$ $\mathcal{K}$ $\mathcal{K}$

$\mathcal{K}$ $\mathcal{K}$ $\mathcal{K}$ $\mathcal{K}$ $\mathcal{K}$ $\mathcal{K}$ $\mathcal{K}$

$\mathcal{K}$ $\mathcal{K}$ $\mathcal{K}$ $\mathcal{K}$ $\mathcal{K}$ $\mathcal{K}$ $\mathcal{K}$

$\mathcal{K}$ $\mathcal{K}$ $\mathcal{K}$ $\mathcal{K}$ $\mathcal{K}$ $\mathcal{K}$ $\mathcal{K}$

$\mathcal{K}$ $\mathcal{K}$ $\mathcal{K}$ $\mathcal{K}$ $\mathcal{K}$ $\mathcal{K}$ $\mathcal{K}$

$\mathcal{K}$ $\mathcal{K}$ $\mathcal{K}$ $\mathcal{K}$ $\mathcal{K}$ $\mathcal{K}$ $\mathcal{K}$

$\mathcal{K}$ $\mathcal{K}$ $\mathcal{K}$ $\mathcal{K}$ $\mathcal{K}$ $\mathcal{K}$ $\mathcal{K}$

$\mathcal{K}$ $\mathcal{K}$ $\mathcal{K}$ $\mathcal{K}$ $\mathcal{K}$ $\mathcal{K}$ $\mathcal{K}$

$\mathcal{K}$ $\mathcal{K}$ $\mathcal{K}$ $\mathcal{K}$ $\mathcal{K}$ $\mathcal{K}$ $\mathcal{K}$

$\mathcal{K}$ $\mathcal{K}$ $\mathcal{K}$ $\mathcal{K}$ $\mathcal{K}$ $\mathcal{K}$ $\mathcal{K}$

$\mathcal{K}$ $\mathcal{K}$ $\mathcal{K}$ $\mathcal{K}$ $\mathcal{K}$ $\mathcal{K}$ $\mathcal{K}$

$\mathcal{K}$ $\mathcal{K}$ $\mathcal{K}$ $\mathcal{K}$ $\mathcal{K}$ $\mathcal{K}$ $\mathcal{K}$

$\mathcal{K}$ $\mathcal{K}$ $\mathcal{K}$ $\mathcal{K}$ $\mathcal{K}$ $\mathcal{K}$ $\mathcal{K}$

$\mathcal{K}$ $\mathcal{K}$ $\mathcal{K}$ $\mathcal{K}$ $\mathcal{K}$ $\mathcal{K}$ $\mathcal{K}$

$\mathcal{K}$ $\mathcal{K}$ $\mathcal{K}$ $\mathcal{K}$ $\mathcal{K}$ $\mathcal{K}$ $\mathcal{K}$

$\mathcal{K}$ $\mathcal{K}$ $\mathcal{K}$ $\mathcal{K}$ $\mathcal{K}$ $\mathcal{K}$ $\mathcal{K}$

$\mathcal{K}$ $\mathcal{K}$ $\mathcal{K}$ $\mathcal{K}$ $\mathcal{K}$ $\mathcal{K}$ $\mathcal{K}$

$\mathcal{K}$ $\mathcal{K}$ $\mathcal{K}$ $\mathcal{K}$ $\mathcal{K}$ $\mathcal{K}$ $\mathcal{K}$

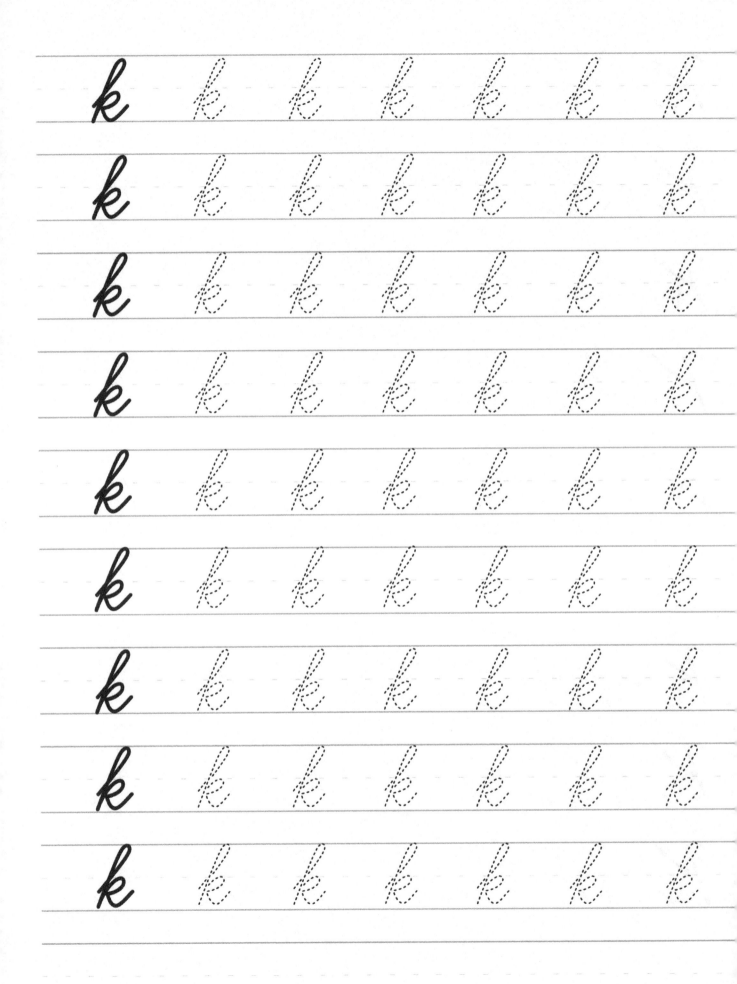

$\mathcal{L}$ $\mathcal{L}$ $\mathcal{L}$ $\mathcal{L}$ $\mathcal{L}$ $\mathcal{L}$ $\mathcal{L}$

$\mathcal{L}$ $\mathcal{L}$ $\mathcal{L}$ $\mathcal{L}$ $\mathcal{L}$ $\mathcal{L}$ $\mathcal{L}$

$\mathcal{L}$ $\mathcal{L}$ $\mathcal{L}$ $\mathcal{L}$ $\mathcal{L}$ $\mathcal{L}$ $\mathcal{L}$

$\mathcal{L}$ $\mathcal{L}$ $\mathcal{L}$ $\mathcal{L}$ $\mathcal{L}$ $\mathcal{L}$ $\mathcal{L}$

$\mathcal{L}$ $\mathcal{L}$ $\mathcal{L}$ $\mathcal{L}$ $\mathcal{L}$ $\mathcal{L}$ $\mathcal{L}$

$\mathcal{L}$ $\mathcal{L}$ $\mathcal{L}$ $\mathcal{L}$ $\mathcal{L}$ $\mathcal{L}$ $\mathcal{L}$

$\mathcal{L}$ $\mathcal{L}$ $\mathcal{L}$ $\mathcal{L}$ $\mathcal{L}$ $\mathcal{L}$ $\mathcal{L}$

$\mathcal{L}$ $\mathcal{L}$ $\mathcal{L}$ $\mathcal{L}$ $\mathcal{L}$ $\mathcal{L}$ $\mathcal{L}$

$\mathcal{L}$ $\mathcal{L}$ $\mathcal{L}$ $\mathcal{L}$ $\mathcal{L}$ $\mathcal{L}$ $\mathcal{L}$

$\mathcal{L}$ $\mathcal{L}$ $\mathcal{L}$ $\mathcal{L}$ $\mathcal{L}$ $\mathcal{L}$ $\mathcal{L}$

$\mathcal{L}$ $\mathcal{L}$ $\mathcal{L}$ $\mathcal{L}$ $\mathcal{L}$ $\mathcal{L}$ $\mathcal{L}$

$\mathcal{L}$ $\mathcal{L}$ $\mathcal{L}$ $\mathcal{L}$ $\mathcal{L}$ $\mathcal{L}$ $\mathcal{L}$

$\mathcal{L}$ $\mathcal{L}$ $\mathcal{L}$ $\mathcal{L}$ $\mathcal{L}$ $\mathcal{L}$ $\mathcal{L}$

$\mathcal{L}$ $\mathcal{L}$ $\mathcal{L}$ $\mathcal{L}$ $\mathcal{L}$ $\mathcal{L}$ $\mathcal{L}$

$\mathcal{L}$ $\mathcal{L}$ $\mathcal{L}$ $\mathcal{L}$ $\mathcal{L}$ $\mathcal{L}$ $\mathcal{L}$

$\mathcal{L}$ $\mathcal{L}$ $\mathcal{L}$ $\mathcal{L}$ $\mathcal{L}$ $\mathcal{L}$ $\mathcal{L}$

$\mathcal{L}$ $\mathcal{L}$ $\mathcal{L}$ $\mathcal{L}$ $\mathcal{L}$ $\mathcal{L}$ $\mathcal{L}$

$\mathcal{L}$ $\mathcal{L}$ $\mathcal{L}$ $\mathcal{L}$ $\mathcal{L}$ $\mathcal{L}$ $\mathcal{L}$

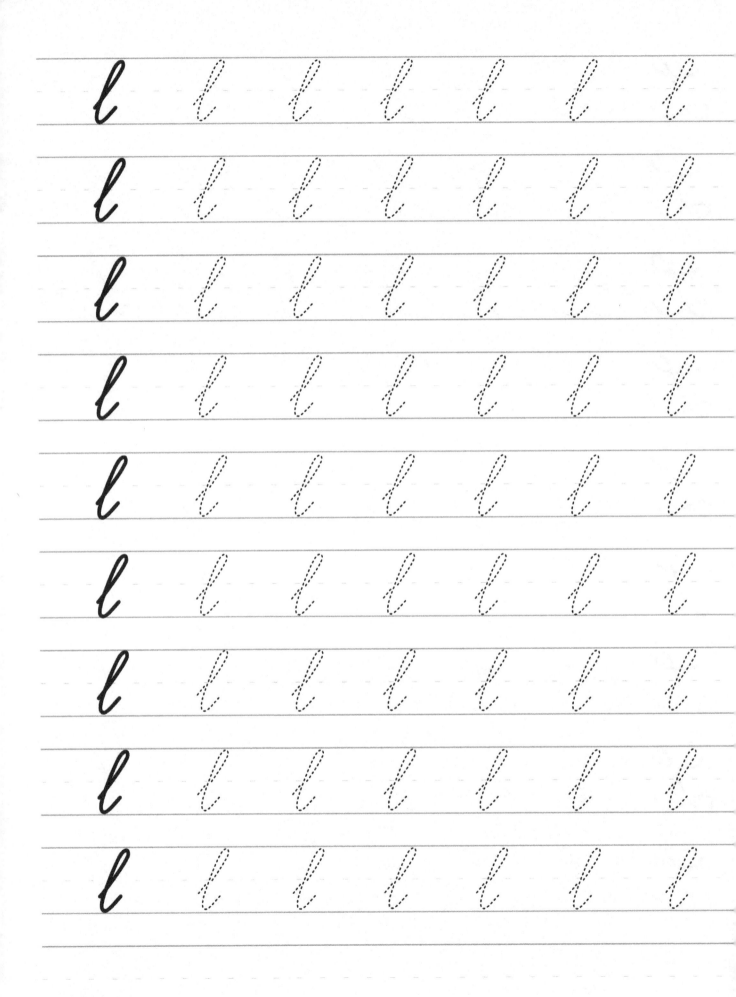

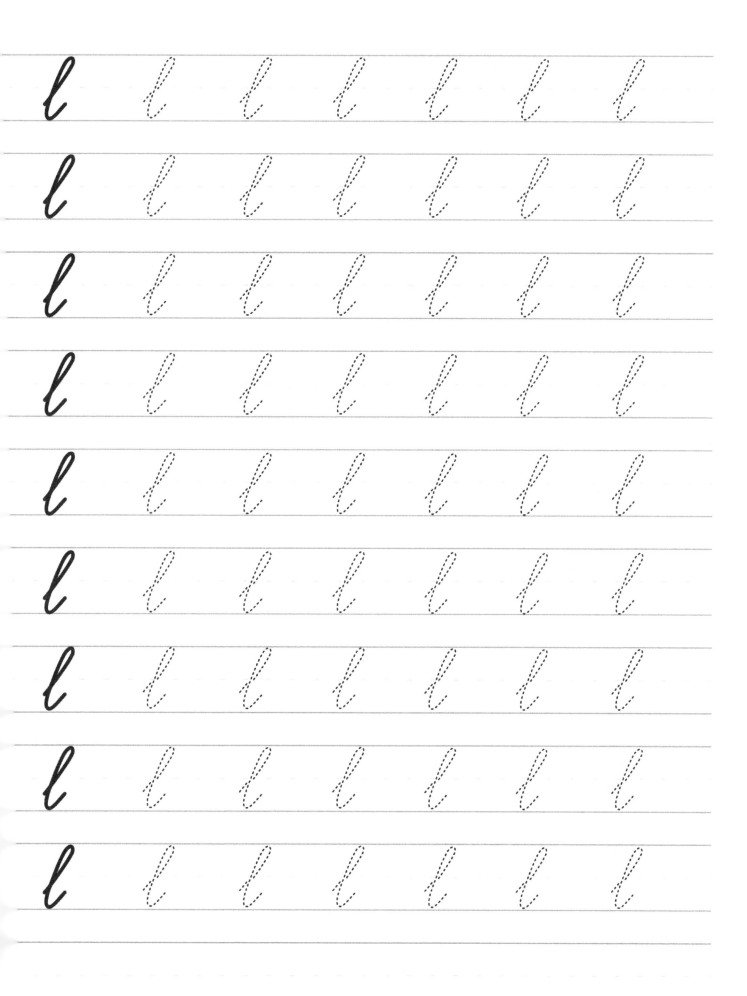

m m m m m m m m m m

m m m m m m m m m m

m m m m m m m m m m

m m m m m m m m m m

m m m m m m m m m m

m m m m m m m m m m

m m m m m m m m m m

m m m m m m m m m m

m m m m m m m m m m

m m m m m m m m m m m

m m m m m m m m m m m

m m m m m m m m m m m

m m m m m m m m m m m

m m m m m m m m m m m

m m m m m m m m m m m

m m m m m m m m m m m

m m m m m m m m m m m

m m m m m m m m m m m

m m m m m m m

m m m m m m m

m m m m m m m

m m m m m m m

m m m m m m m

m m m m m m m

m m m m m m m

m m m m m m m

m m m m m m m

m m m m m m m

m m m m m m m

m m m m m m m

m m m m m m m

m m m m m m m

m m m m m m m

m m m m m m m

m m m m m m m

m m m m m m m

n n n n n n n

n n n n n n n

n n n n n n n

n n n n n n n

n n n n n n n

n n n n n n n

n n n n n n n

n n n n n n n

n n n n n n n

n *n* *n* *n* *n* *n* *n*

n *n* *n* *n* *n* *n* *n*

n *n* *n* *n* *n* *n* *n*

n *n* *n* *n* *n* *n* *n*

n *n* *n* *n* *n* *n* *n*

n *n* *n* *n* *n* *n* *n*

n *n* *n* *n* *n* *n* *n*

n *n* *n* *n* *n* *n* *n*

n *n* *n* *n* *n* *n* *n*

n   *n*   *n*   *n*   *n*   *n*   *n*

n   *n*   *n*   *n*   *n*   *n*   *n*

n   *n*   *n*   *n*   *n*   *n*   *n*

n   *n*   *n*   *n*   *n*   *n*   *n*

n   *n*   *n*   *n*   *n*   *n*   *n*

n   *n*   *n*   *n*   *n*   *n*   *n*

n   *n*   *n*   *n*   *n*   *n*   *n*

n   *n*   *n*   *n*   *n*   *n*   *n*

n   *n*   *n*   *n*   *n*   *n*   *n*

n   *n*   *n*   *n*   *n*   *n*   *n*

n   *n*   *n*   *n*   *n*   *n*   *n*

n   *n*   *n*   *n*   *n*   *n*   *n*

n   *n*   *n*   *n*   *n*   *n*   *n*

n   *n*   *n*   *n*   *n*   *n*   *n*

n   *n*   *n*   *n*   *n*   *n*   *n*

n   *n*   *n*   *n*   *n*   *n*   *n*

n   *n*   *n*   *n*   *n*   *n*   *n*

n   *n*   *n*   *n*   *n*   *n*   *n*

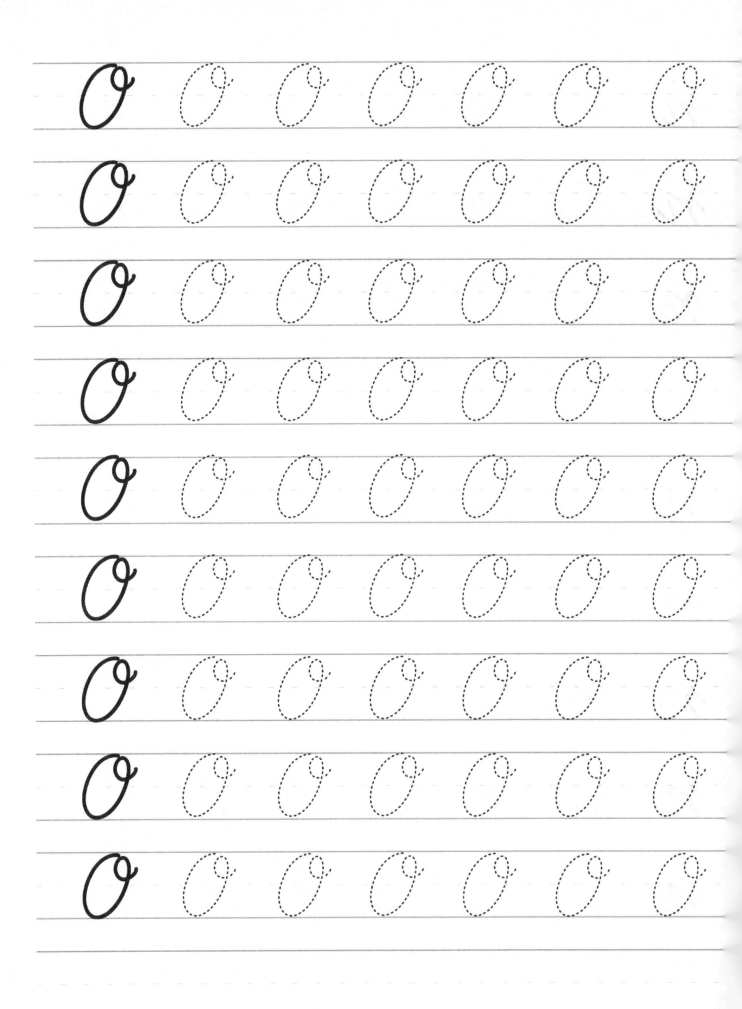

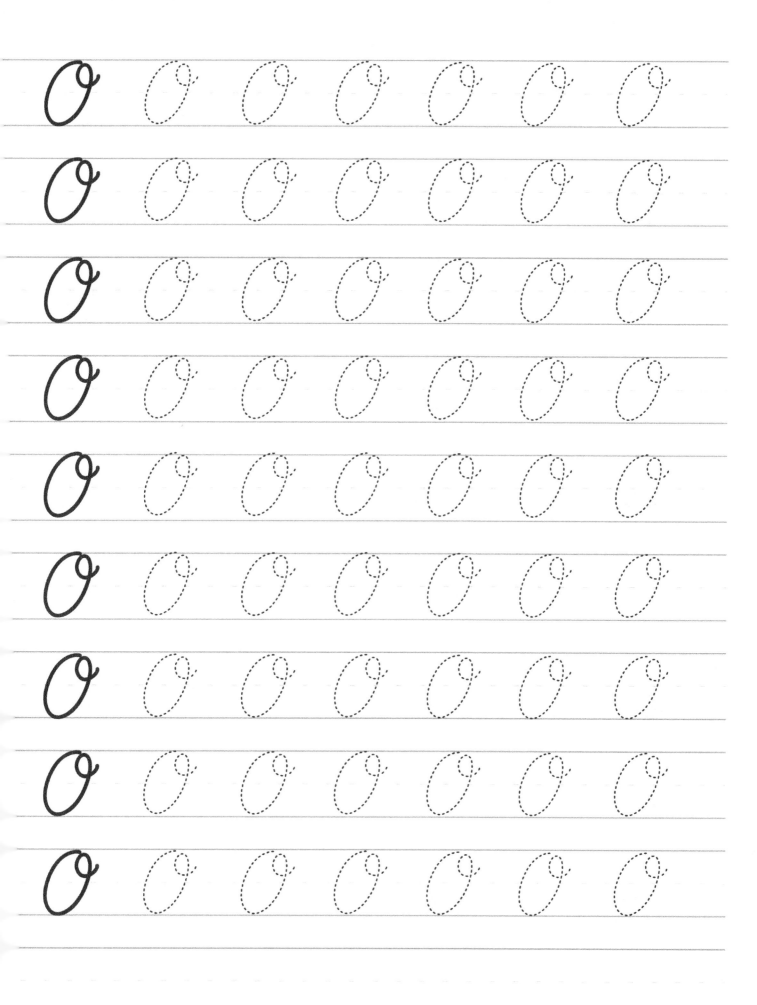

p p p p p p p

p p p p p p p

p p p p p p p

p p p p p p p

p p p p p p p

p p p p p p p

p p p p p p p

p p p p p p p

p p p p p p p

p   p   p   p   p   p   p

p   p   p   p   p   p   p

p   p   p   p   p   p   p

p   p   p   p   p   p   p

p   p   p   p   p   p   p

p   p   p   p   p   p   p

p   p   p   p   p   p   p

p   p   p   p   p   p   p

p   p   p   p   p   p   p

p   p   p   p   p   p   p

p   p   p   p   p   p   p

p   p   p   p   p   p   p

p   p   p   p   p   p   p

p   p   p   p   p   p   p

p   p   p   p   p   p   p

p   p   p   p   p   p   p

p   p   p   p   p   p   p

p p p p p p p

p p p p p p p

p p p p p p p

p p p p p p p

p p p p p p p

p p p p p p p

p p p p p p p

p p p p p p p

p p p p p p p

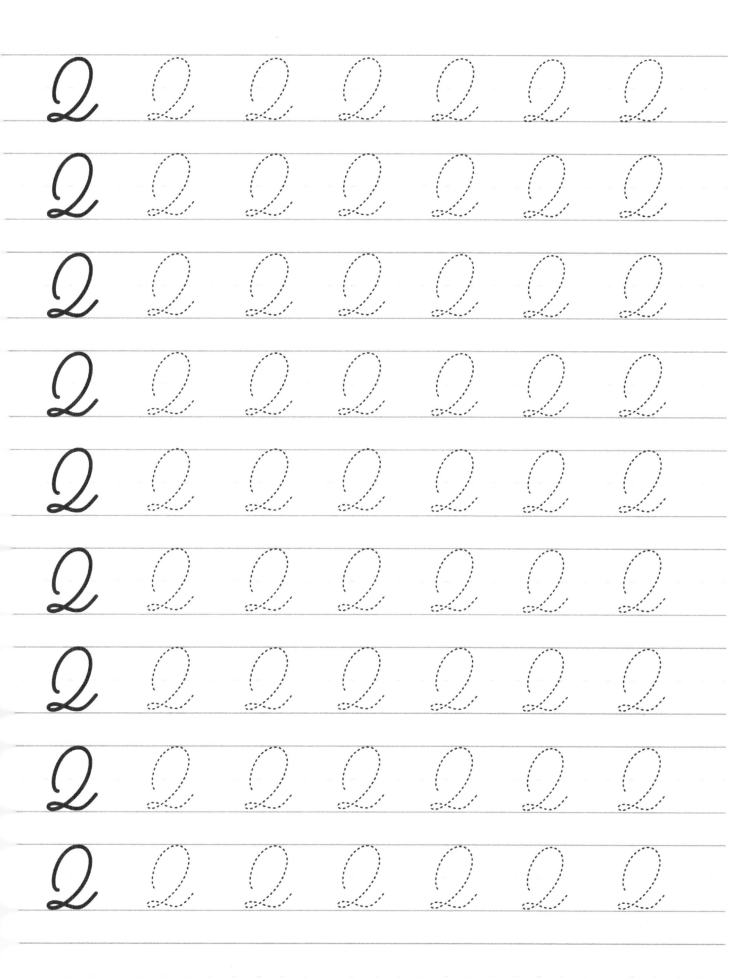

q q q q q q q

q q q q q q q

q q q q q q q

q q q q q q q

q q q q q q q

q q q q q q q

q q q q q q q

q q q q q q q

q q q q q q q

q   q   q   q   q   q   q

q   q   q   q   q   q   q

q   q   q   q   q   q   q

q   q   q   q   q   q   q

q   q   q   q   q   q   q

q   q   q   q   q   q   q

q   q   q   q   q   q   q

q   q   q   q   q   q   q

q   q   q   q   q   q   q

$\mathcal{R}$ $\mathcal{R}$ $\mathcal{R}$ $\mathcal{R}$ $\mathcal{R}$ $\mathcal{R}$ $\mathcal{R}$

$\mathcal{R}$ $\mathcal{R}$ $\mathcal{R}$ $\mathcal{R}$ $\mathcal{R}$ $\mathcal{R}$ $\mathcal{R}$

$\mathcal{R}$ $\mathcal{R}$ $\mathcal{R}$ $\mathcal{R}$ $\mathcal{R}$ $\mathcal{R}$ $\mathcal{R}$

$\mathcal{R}$ $\mathcal{R}$ $\mathcal{R}$ $\mathcal{R}$ $\mathcal{R}$ $\mathcal{R}$ $\mathcal{R}$

$\mathcal{R}$ $\mathcal{R}$ $\mathcal{R}$ $\mathcal{R}$ $\mathcal{R}$ $\mathcal{R}$ $\mathcal{R}$

$\mathcal{R}$ $\mathcal{R}$ $\mathcal{R}$ $\mathcal{R}$ $\mathcal{R}$ $\mathcal{R}$ $\mathcal{R}$

$\mathcal{R}$ $\mathcal{R}$ $\mathcal{R}$ $\mathcal{R}$ $\mathcal{R}$ $\mathcal{R}$ $\mathcal{R}$

$\mathcal{R}$ $\mathcal{R}$ $\mathcal{R}$ $\mathcal{R}$ $\mathcal{R}$ $\mathcal{R}$ $\mathcal{R}$

$\mathcal{R}$ $\mathcal{R}$ $\mathcal{R}$ $\mathcal{R}$ $\mathcal{R}$ $\mathcal{R}$ $\mathcal{R}$

$\mathcal{R}$ $\mathcal{R}$ $\mathcal{R}$ $\mathcal{R}$ $\mathcal{R}$ $\mathcal{R}$ $\mathcal{R}$

$\mathcal{R}$ $\mathcal{R}$ $\mathcal{R}$ $\mathcal{R}$ $\mathcal{R}$ $\mathcal{R}$ $\mathcal{R}$

$\mathcal{R}$ $\mathcal{R}$ $\mathcal{R}$ $\mathcal{R}$ $\mathcal{R}$ $\mathcal{R}$ $\mathcal{R}$

$\mathcal{R}$ $\mathcal{R}$ $\mathcal{R}$ $\mathcal{R}$ $\mathcal{R}$ $\mathcal{R}$ $\mathcal{R}$

$\mathcal{R}$ $\mathcal{R}$ $\mathcal{R}$ $\mathcal{R}$ $\mathcal{R}$ $\mathcal{R}$ $\mathcal{R}$

$\mathcal{R}$ $\mathcal{R}$ $\mathcal{R}$ $\mathcal{R}$ $\mathcal{R}$ $\mathcal{R}$ $\mathcal{R}$

$\mathcal{R}$ $\mathcal{R}$ $\mathcal{R}$ $\mathcal{R}$ $\mathcal{R}$ $\mathcal{R}$ $\mathcal{R}$

$\mathcal{R}$ $\mathcal{R}$ $\mathcal{R}$ $\mathcal{R}$ $\mathcal{R}$ $\mathcal{R}$ $\mathcal{R}$

$\mathcal{R}$ $\mathcal{R}$ $\mathcal{R}$ $\mathcal{R}$ $\mathcal{R}$ $\mathcal{R}$ $\mathcal{R}$

r   r   r   r   r   r   r

r   r   r   r   r   r   r

r   r   r   r   r   r   r

r   r   r   r   r   r   r

r   r   r   r   r   r   r

r   r   r   r   r   r   r

r   r   r   r   r   r   r

r   r   r   r   r   r   r

r　　　ν　　　ν　　　ν　　　ν　　　ν　　　ν

r　　　ν　　　ν　　　ν　　　ν　　　ν　　　ν

r　　　ν　　　ν　　　ν　　　ν　　　ν　　　ν

r　　　ν　　　ν　　　ν　　　ν　　　ν　　　ν

r　　　ν　　　ν　　　ν　　　ν　　　ν　　　ν

r　　　ν　　　ν　　　ν　　　ν　　　ν　　　ν

r　　　ν　　　ν　　　ν　　　ν　　　ν　　　ν

r　　　ν　　　ν　　　ν　　　ν　　　ν　　　ν

r　　　ν　　　ν　　　ν　　　ν　　　ν　　　ν

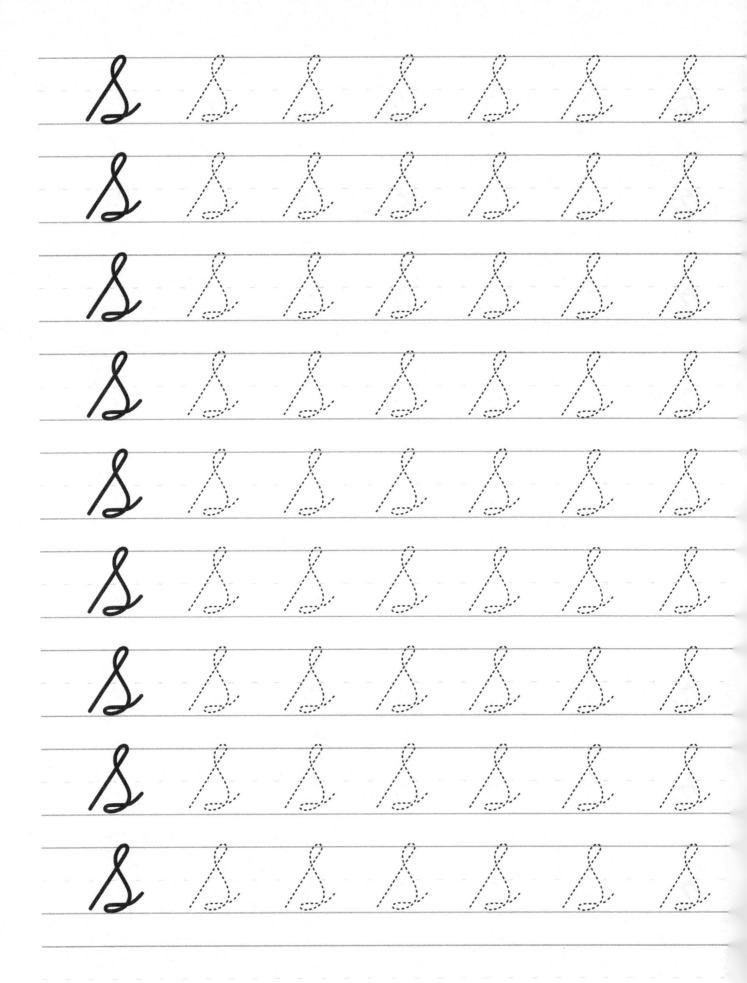

T T T T T T T

T T T T T T T

T T T T T T T

T T T T T T T

T T T T T T T

T T T T T T T

T T T T T T T

T T T T T T T

T T T T T T T

𝒯 𝒯 𝒯 𝒯 𝒯 𝒯 𝒯

𝒯 𝒯 𝒯 𝒯 𝒯 𝒯 𝒯

𝒯 𝒯 𝒯 𝒯 𝒯 𝒯 𝒯

𝒯 𝒯 𝒯 𝒯 𝒯 𝒯 𝒯

𝒯 𝒯 𝒯 𝒯 𝒯 𝒯 𝒯

𝒯 𝒯 𝒯 𝒯 𝒯 𝒯 𝒯

𝒯 𝒯 𝒯 𝒯 𝒯 𝒯 𝒯

𝒯 𝒯 𝒯 𝒯 𝒯 𝒯 𝒯

𝒯 𝒯 𝒯 𝒯 𝒯 𝒯 𝒯

t   *t*   *t*   *t*   *t*   *t*   *t*

t   *t*   *t*   *t*   *t*   *t*   *t*

t   *t*   *t*   *t*   *t*   *t*   *t*

t   *t*   *t*   *t*   *t*   *t*   *t*

t   *t*   *t*   *t*   *t*   *t*   *t*

t   *t*   *t*   *t*   *t*   *t*   *t*

t   *t*   *t*   *t*   *t*   *t*   *t*

t   *t*   *t*   *t*   *t*   *t*   *t*

t   *t*   *t*   *t*   *t*   *t*   *t*

t   *t*   *t*   *t*   *t*   *t*   *t*

t   *t*   *t*   *t*   *t*   *t*   *t*

t   *t*   *t*   *t*   *t*   *t*   *t*

t   *t*   *t*   *t*   *t*   *t*   *t*

t   *t*   *t*   *t*   *t*   *t*   *t*

t   *t*   *t*   *t*   *t*   *t*   *t*

t   *t*   *t*   *t*   *t*   *t*   *t*

t   *t*   *t*   *t*   *t*   *t*   *t*

t   *t*   *t*   *t*   *t*   *t*   *t*

$\mathcal{U}$ $\mathcal{U}$ $\mathcal{U}$ $\mathcal{U}$ $\mathcal{U}$ $\mathcal{U}$ $\mathcal{U}$

$\mathcal{U}$ $\mathcal{U}$ $\mathcal{U}$ $\mathcal{U}$ $\mathcal{U}$ $\mathcal{U}$ $\mathcal{U}$

$\mathcal{U}$ $\mathcal{U}$ $\mathcal{U}$ $\mathcal{U}$ $\mathcal{U}$ $\mathcal{U}$ $\mathcal{U}$

$\mathcal{U}$ $\mathcal{U}$ $\mathcal{U}$ $\mathcal{U}$ $\mathcal{U}$ $\mathcal{U}$ $\mathcal{U}$

$\mathcal{U}$ $\mathcal{U}$ $\mathcal{U}$ $\mathcal{U}$ $\mathcal{U}$ $\mathcal{U}$ $\mathcal{U}$

$\mathcal{U}$ $\mathcal{U}$ $\mathcal{U}$ $\mathcal{U}$ $\mathcal{U}$ $\mathcal{U}$ $\mathcal{U}$

$\mathcal{U}$ $\mathcal{U}$ $\mathcal{U}$ $\mathcal{U}$ $\mathcal{U}$ $\mathcal{U}$ $\mathcal{U}$

$\mathcal{U}$ $\mathcal{U}$ $\mathcal{U}$ $\mathcal{U}$ $\mathcal{U}$ $\mathcal{U}$ $\mathcal{U}$

$\mathcal{U}$ $\mathcal{U}$ $\mathcal{U}$ $\mathcal{U}$ $\mathcal{U}$ $\mathcal{U}$ $\mathcal{U}$

$\mathcal{U}$ $\mathcal{U}$ $\mathcal{U}$ $\mathcal{U}$ $\mathcal{U}$ $\mathcal{U}$ $\mathcal{U}$

$\mathcal{U}$ $\mathcal{U}$ $\mathcal{U}$ $\mathcal{U}$ $\mathcal{U}$ $\mathcal{U}$ $\mathcal{U}$

$\mathcal{U}$ $\mathcal{U}$ $\mathcal{U}$ $\mathcal{U}$ $\mathcal{U}$ $\mathcal{U}$ $\mathcal{U}$

$\mathcal{U}$ $\mathcal{U}$ $\mathcal{U}$ $\mathcal{U}$ $\mathcal{U}$ $\mathcal{U}$ $\mathcal{U}$

$\mathcal{U}$ $\mathcal{U}$ $\mathcal{U}$ $\mathcal{U}$ $\mathcal{U}$ $\mathcal{U}$ $\mathcal{U}$

$\mathcal{U}$ $\mathcal{U}$ $\mathcal{U}$ $\mathcal{U}$ $\mathcal{U}$ $\mathcal{U}$ $\mathcal{U}$

$\mathcal{U}$ $\mathcal{U}$ $\mathcal{U}$ $\mathcal{U}$ $\mathcal{U}$ $\mathcal{U}$ $\mathcal{U}$

$\mathcal{U}$ $\mathcal{U}$ $\mathcal{U}$ $\mathcal{U}$ $\mathcal{U}$ $\mathcal{U}$ $\mathcal{U}$

$\mathcal{U}$ $\mathcal{U}$ $\mathcal{U}$ $\mathcal{U}$ $\mathcal{U}$ $\mathcal{U}$ $\mathcal{U}$

$\mathcal{U}$ $\mathcal{U}$ $\mathcal{U}$ $\mathcal{U}$ $\mathcal{U}$ $\mathcal{U}$ $\mathcal{U}$

$\mathcal{U}$ $\mathcal{U}$ $\mathcal{U}$ $\mathcal{U}$ $\mathcal{U}$ $\mathcal{U}$ $\mathcal{U}$

$\mathcal{U}$ $\mathcal{U}$ $\mathcal{U}$ $\mathcal{U}$ $\mathcal{U}$ $\mathcal{U}$ $\mathcal{U}$

$\mathcal{U}$ $\mathcal{U}$ $\mathcal{U}$ $\mathcal{U}$ $\mathcal{U}$ $\mathcal{U}$ $\mathcal{U}$

$\mathcal{U}$ $\mathcal{U}$ $\mathcal{U}$ $\mathcal{U}$ $\mathcal{U}$ $\mathcal{U}$ $\mathcal{U}$

$\mathcal{U}$ $\mathcal{U}$ $\mathcal{U}$ $\mathcal{U}$ $\mathcal{U}$ $\mathcal{U}$ $\mathcal{U}$

$\mathcal{U}$ $\mathcal{U}$ $\mathcal{U}$ $\mathcal{U}$ $\mathcal{U}$ $\mathcal{U}$ $\mathcal{U}$

$\mathcal{U}$ $\mathcal{U}$ $\mathcal{U}$ $\mathcal{U}$ $\mathcal{U}$ $\mathcal{U}$ $\mathcal{U}$

$\mathcal{U}$ $\mathcal{U}$ $\mathcal{U}$ $\mathcal{U}$ $\mathcal{U}$ $\mathcal{U}$ $\mathcal{U}$

u u u u u u u

u u u u u u u

u u u u u u u

u u u u u u u

u u u u u u u

u u u u u u u

u u u u u u u

u u u u u u u

u u u u u u u

$\mathcal{U}$ $\mathcal{U}$ $\mathcal{U}$ $\mathcal{U}$ $\mathcal{U}$ $\mathcal{U}$ $\mathcal{U}$

$\mathcal{U}$ $\mathcal{U}$ $\mathcal{U}$ $\mathcal{U}$ $\mathcal{U}$ $\mathcal{U}$ $\mathcal{U}$

$\mathcal{U}$ $\mathcal{U}$ $\mathcal{U}$ $\mathcal{U}$ $\mathcal{U}$ $\mathcal{U}$ $\mathcal{U}$

$\mathcal{U}$ $\mathcal{U}$ $\mathcal{U}$ $\mathcal{U}$ $\mathcal{U}$ $\mathcal{U}$ $\mathcal{U}$

$\mathcal{U}$ $\mathcal{U}$ $\mathcal{U}$ $\mathcal{U}$ $\mathcal{U}$ $\mathcal{U}$ $\mathcal{U}$

$\mathcal{U}$ $\mathcal{U}$ $\mathcal{U}$ $\mathcal{U}$ $\mathcal{U}$ $\mathcal{U}$ $\mathcal{U}$

$\mathcal{U}$ $\mathcal{U}$ $\mathcal{U}$ $\mathcal{U}$ $\mathcal{U}$ $\mathcal{U}$ $\mathcal{U}$

$\mathcal{U}$ $\mathcal{U}$ $\mathcal{U}$ $\mathcal{U}$ $\mathcal{U}$ $\mathcal{U}$ $\mathcal{U}$

$\mathcal{U}$ $\mathcal{U}$ $\mathcal{U}$ $\mathcal{U}$ $\mathcal{U}$ $\mathcal{U}$ $\mathcal{U}$

w w w w w w w w w

w w w w w w w w w

w w w w w w w w w

w w w w w w w w w

w w w w w w w w w

w w w w w w w w w

w w w w w w w w w

w w w w w w w w w

w w w w w w w w w

𝓊 𝓊 𝓊 𝓊 𝓊 𝓊 𝓊 𝓊

𝓊 𝓊 𝓊 𝓊 𝓊 𝓊 𝓊 𝓊

𝓊 𝓊 𝓊 𝓊 𝓊 𝓊 𝓊 𝓊

𝓊 𝓊 𝓊 𝓊 𝓊 𝓊 𝓊 𝓊

𝓊 𝓊 𝓊 𝓊 𝓊 𝓊 𝓊 𝓊

𝓊 𝓊 𝓊 𝓊 𝓊 𝓊 𝓊 𝓊

𝓊 𝓊 𝓊 𝓊 𝓊 𝓊 𝓊 𝓊

𝓊 𝓊 𝓊 𝓊 𝓊 𝓊 𝓊 𝓊

𝓊 𝓊 𝓊 𝓊 𝓊 𝓊 𝓊 𝓊

$\mathcal{W}$ $\mathcal{w}$ $\mathcal{w}$ $\mathcal{w}$ $\mathcal{w}$ $\mathcal{w}$ $\mathcal{w}$

$\mathcal{W}$ $\mathcal{w}$ $\mathcal{w}$ $\mathcal{w}$ $\mathcal{w}$ $\mathcal{w}$ $\mathcal{w}$

$\mathcal{W}$ $\mathcal{w}$ $\mathcal{w}$ $\mathcal{w}$ $\mathcal{w}$ $\mathcal{w}$ $\mathcal{w}$

$\mathcal{W}$ $\mathcal{w}$ $\mathcal{w}$ $\mathcal{w}$ $\mathcal{w}$ $\mathcal{w}$ $\mathcal{w}$

$\mathcal{W}$ $\mathcal{w}$ $\mathcal{w}$ $\mathcal{w}$ $\mathcal{w}$ $\mathcal{w}$ $\mathcal{w}$

$\mathcal{W}$ $\mathcal{w}$ $\mathcal{w}$ $\mathcal{w}$ $\mathcal{w}$ $\mathcal{w}$ $\mathcal{w}$

$\mathcal{W}$ $\mathcal{w}$ $\mathcal{w}$ $\mathcal{w}$ $\mathcal{w}$ $\mathcal{w}$ $\mathcal{w}$

$\mathcal{W}$ $\mathcal{w}$ $\mathcal{w}$ $\mathcal{w}$ $\mathcal{w}$ $\mathcal{w}$ $\mathcal{w}$

$\mathcal{W}$ $\mathcal{w}$ $\mathcal{w}$ $\mathcal{w}$ $\mathcal{w}$ $\mathcal{w}$ $\mathcal{w}$

$\mathcal{W}$ $\mathcal{W}$ $\mathcal{W}$ $\mathcal{W}$ $\mathcal{W}$ $\mathcal{W}$ $\mathcal{W}$

$\mathcal{W}$ $\mathcal{W}$ $\mathcal{W}$ $\mathcal{W}$ $\mathcal{W}$ $\mathcal{W}$ $\mathcal{W}$

$\mathcal{W}$ $\mathcal{W}$ $\mathcal{W}$ $\mathcal{W}$ $\mathcal{W}$ $\mathcal{W}$ $\mathcal{W}$

$\mathcal{W}$ $\mathcal{W}$ $\mathcal{W}$ $\mathcal{W}$ $\mathcal{W}$ $\mathcal{W}$ $\mathcal{W}$

$\mathcal{W}$ $\mathcal{W}$ $\mathcal{W}$ $\mathcal{W}$ $\mathcal{W}$ $\mathcal{W}$ $\mathcal{W}$

$\mathcal{W}$ $\mathcal{W}$ $\mathcal{W}$ $\mathcal{W}$ $\mathcal{W}$ $\mathcal{W}$ $\mathcal{W}$

$\mathcal{W}$ $\mathcal{W}$ $\mathcal{W}$ $\mathcal{W}$ $\mathcal{W}$ $\mathcal{W}$ $\mathcal{W}$

$\mathcal{W}$ $\mathcal{W}$ $\mathcal{W}$ $\mathcal{W}$ $\mathcal{W}$ $\mathcal{W}$ $\mathcal{W}$

$\mathcal{W}$ $\mathcal{W}$ $\mathcal{W}$ $\mathcal{W}$ $\mathcal{W}$ $\mathcal{W}$ $\mathcal{W}$

χ χ χ χ χ χ χ

χ χ χ χ χ χ χ

χ χ χ χ χ χ χ

χ χ χ χ χ χ χ

χ χ χ χ χ χ χ

χ χ χ χ χ χ χ

χ χ χ χ χ χ χ

χ χ χ χ χ χ χ

χ χ χ χ χ χ

x x x x x x x

x x x x x x x

x x x x x x x

x x x x x x x

x x x x x x x

x x x x x x x

x x x x x x x

x x x x x x x

x x x x x x x

$\mathcal{Y}$ $\mathcal{Y}$ $\mathcal{Y}$ $\mathcal{Y}$ $\mathcal{Y}$ $\mathcal{Y}$ $\mathcal{Y}$

$\mathcal{Y}$ $\mathcal{Y}$ $\mathcal{Y}$ $\mathcal{Y}$ $\mathcal{Y}$ $\mathcal{Y}$ $\mathcal{Y}$

$\mathcal{Y}$ $\mathcal{Y}$ $\mathcal{Y}$ $\mathcal{Y}$ $\mathcal{Y}$ $\mathcal{Y}$ $\mathcal{Y}$

$\mathcal{Y}$ $\mathcal{Y}$ $\mathcal{Y}$ $\mathcal{Y}$ $\mathcal{Y}$ $\mathcal{Y}$ $\mathcal{Y}$

$\mathcal{Y}$ $\mathcal{Y}$ $\mathcal{Y}$ $\mathcal{Y}$ $\mathcal{Y}$ $\mathcal{Y}$ $\mathcal{Y}$

$\mathcal{Y}$ $\mathcal{Y}$ $\mathcal{Y}$ $\mathcal{Y}$ $\mathcal{Y}$ $\mathcal{Y}$ $\mathcal{Y}$

$\mathcal{Y}$ $\mathcal{Y}$ $\mathcal{Y}$ $\mathcal{Y}$ $\mathcal{Y}$ $\mathcal{Y}$ $\mathcal{Y}$

$\mathcal{Y}$ $\mathcal{Y}$ $\mathcal{Y}$ $\mathcal{Y}$ $\mathcal{Y}$ $\mathcal{Y}$ $\mathcal{Y}$

$\mathcal{Y}$ $\mathcal{Y}$ $\mathcal{Y}$ $\mathcal{Y}$ $\mathcal{Y}$ $\mathcal{Y}$ $\mathcal{Y}$

$\mathcal{Y}$ $\mathcal{Y}$ $\mathcal{Y}$ $\mathcal{Y}$ $\mathcal{Y}$ $\mathcal{Y}$ $\mathcal{Y}$

Y *Y* *Y* *Y* *Y* *Y* *Y*

Y *Y* *Y* *Y* *Y* *Y* *Y*

Y *Y* *Y* *Y* *Y* *Y* *Y*

Y *Y* *Y* *Y* *Y* *Y* *Y*

Y *Y* *Y* *Y* *Y* *Y* *Y*

Y *Y* *Y* *Y* *Y* *Y* *Y*

Y *Y* *Y* *Y* *Y* *Y* *Y*

Y *Y* *Y* *Y* *Y* *Y* *Y*

y y y y y y y

y y y y y y y

y y y y y y y

y y y y y y y

y y y y y y y

y y y y y y y

y y y y y y y

y y y y y y y

y y y y y y y

increase   Increase

control   Control

piano   Piano

serious   Serious

button   Button

girlfriend   Girlfriend

wonder   Wonder

sensitive   Sensitive

strange   Strange

cream   Cream

gravity   Gravity

equal   Equal

sketch   Sketch

relieve   Relieve

wardrobe   Wardrobe

wonder   Wonder

process   Process

theory   Theory

offensive   Offensive

global   Global

blank   Blank

sketch   Sketch

missile   Missile

scene   Scene

love   Love

suffering   Suffering

density   Density

train   Train

orange   Orange

wealth   Wealth

face   Face

book   book

snap   Snap

quarter   Quarter

minute   Minute

roof   Roof

safety   Safety

advance   Advance

social   Social

media   Media

book   book

bullet   Bullet

calm   Calm

crouch   Crouch

green   Green

sacrifice Sacrifice

wait Wait

outlook Outlook

hotmail Hotmail

gmail Gmail

bullet Bullet

landscape landscape

hilarious Hilarious

score Score

pigeon   Pigeon

jump   Jump

house   House

favour   Favour

gmail   Gmail

salvation   Salvation

cat   Cat

hang   Hang

source   Source

material Material

light Light

graduate Graduate

prize Prize

radiation Radiation

sit Sit

system System

symptom Symptom

acid Acid

feeling   Feeling

stall   Stall

steep   Steep

joystick   Joystick

radiation   Radiation

misery   Misery

mystery   Mystery

eject   Eject

month   Month

taste	Taste
promise	Promise
tongue	Tongue
extreme	Extreme
stop	Stop
security	Security
touch	Touch
ecstasy	Ecstasy
second	Second

explain	Explain
please	Please
make	Make
tumour	Tumour
pop	Pop
step	Step
chase	Chase
wing	Wing
second	Second

neighbour Neighbour

energy Energy

dramatic Dramatic

myth Myth

pop Pop

valid Valid

oil Oil

eat Eat

mold Mold

lie   Lie

dish   Dish

arch   Arch

roll   Roll

primary   Primary

secondary   Secondary

heat   Heat

skin   Skin

hair   Hair

bus	Bus
lion	Lion
battle	Battle
cousin	Cousin
police	Police
joy	Joy
laugh	Laugh
tale	tale
zero	Zero

one One

piece Piece

luffy Luffy

cousin Cousin

party Party

joy Joy

boy Boy

obscure Obscure

kaido Kaido

The way to get started
is to quit talking and
begin doing
Walt Disney

Whoever is happy will
make others happy too
Anne Frank

Spread love everywhere
you go. Let no one ever
come to you without
leaving happier.
Mother Teresa

Life is what happens
when you're busy
making other plans.
John Lennon

Love For All, Hatred

For None.

Khalifatul Masih III

Change the world by

being yourself.

Amy Poehler

Every moment is a
fresh beginning.
T.S. Eliot

Never regret anything
that made you smile.
Mark Twain

Everything you can

imagine is real.

Pablo Picasso

Simplicity is the

ultimate sophistication.

Leonardo da Vinci

Whatever you do,
do it well.
Walt Disney

What we think,
we become.
Buddha

Reality is wrong,
dreams are for real.
Tupac

Never let your
emotions overpower
your intelligence.
Drake

To live will be an
awfully big adventure
Peter Pan

Change the game,
don't let the
game change you
Macklemore

It hurt because

it mattered.

John Green

When words fail

music speaks.

Shakespeare

Die with memories,
not dreams.
Unknown

Aspire to inspire
before we expire.
Unknown

Tough times never last
but tough people do.
Robert H. Schuller

Yesterday you
said tomorrow.

Just do it.
Nike

Made in the USA
Monee, IL
01 November 2024

69129469R00072